38
죽음도 갈라놓지 못한 사랑

주니어RHK

신화의 가치

신화는 한 민족의 기원이나 역사적 · 종교적 · 문화적 삶의 모습을 보여 주는 옛이야기입니다. 주로 신과 영웅에 관한 이야기가 많고, 오랫동안 입에서 입으로 전해 내려왔다는 특징이 있지요.

우리가 살펴볼 그리스 로마 신화는 고대 그리스와 로마에 전해 오는 신화와 전설을 한데 묶은 것입니다. 그리스 로마 신화는 고대의 삶을 엿보게 해 주는 문화유산일 뿐만 아니라, 세계 여러 나라의 문학과 미술에 큰 영향을 끼쳤습니다. 하지만 문화적 가치만큼이나 중요한 것이 또 있습니다. 오래된 옛이야기이면서도 거기에 담긴 교훈적 가치가 오늘날에도 여전히 쓸모 있고 중요하다는 사실입니다.

놀랍지 않나요? 수천 년 전의 이야기가 어떻게 과학 문명이 고도로 발달한 오늘날에도 통하는 것일까요? 그것은 바로 그리스 로마 신화에 나오는 신과 영웅의 모습이 오늘날 우리의 모습과 다르지 않기 때문입니다. 신들도 우리처럼 분노하고, 질투하고, 실수를 하지요. 그런 모습을 보면서 우리는 깔깔 웃거나 눈물을 흘리고, 교훈과 감동을 얻습니다. 우리가 그리스 로마 신화를 읽어야 하는 까닭이 바로 이것입니다.

신화의 세계로 떠날 여러분에게 한마디 덧붙이자면, 신화는 우리에게 끝없는 상상력을 요구한다는 점입니다. 신화 속에는 수많은 은유와 상징이 곳곳에 널려 있지요. 따라서 신화를 읽을 때에는 상상력을 최대한 발휘하여 신화 속에 숨겨진 의미를 찾고, 그것을 자기 나름대로 재해석하는 과정이 필요합니다. 이렇게 읽었을 때에야 비로소 여러분 앞에 놀라운 삶의 이야기가 펼쳐질 것입니다.

자, 그럼 흥미진진한 신화의 세계 속으로 함께 떠나 볼까요?

에우리디케를 찾으려고 지하 세계에 온 오르페우스.
오르페우스는 하데스와 페르세포네 앞에서
리라를 타며 노래를 부르기 시작합니다.
이에 감동받은 하데스는 에우리디케를 땅 위로
돌려보내는 대신 한 가지 조건을 내겁니다.
오르페우스는 에우리디케와 함께 땅 위로 돌아가
다시 행복한 삶을 살 수 있을까요?

주요 등장인물

하데스

죽은 자들이 사는 지하 세계를 다스리는 신이에요. 어느 날 우연히 땅 위로 올라왔다가 페르세포네의 아름다움에 반해 그녀를 지하 세계로 납치해요.

페르세포네

데메테르의 딸로 무척 아름다워요. 하데스에게 납치당해 그와 결혼하고 지하 세계의 여왕이 돼요.

에우리디케

숲의 님프로 무척 아름다워요. 남편이 된 오르페우스를 믿고 사랑해요. 하지만 어느 날 갑자기 닥친 불행으로 목숨을 잃고 사랑하는 오르페우스와 헤어지게 돼요. 하지만 지하 세계에서 오르페우스와 다시 만나게 돼요.

오르페우스

고대 그리스의 뛰어난 음악가이자 시인이에요. 세상에서 가장 뛰어난 리라 연주와 노래 솜씨를 가졌어요. 음악으로 하데스와 페르세포네를 감동시켜 에우리디케를 다시 땅 위의 세상으로 데려가도록 허락받아요.

1
감동의 노래

그 순간 하데스의 눈에서 한줄기 눈물이 흘렀습니다.

태어나서 한 번도 눈물을 흘려 본 적 없는 하데스였습니다.

어떨 때는 냉혹하기까지 한 그가

오르페우스의 노래를 듣고 눈물을 흘린 것입니다.

지하 세계의 위대한 신들이여.

저에게는 사랑하는 아내가 있었습니다.

저희는 부족하지만 서로를 아끼고 사랑했습니다.

누구의 질투도 사지 않고

누구의 *원한도 사지 않으며 살아갔습니다.

하지만 운명의 여신들은 우리의 행복을 가만 놔두지 않았습니다.

가여운 제 아내 에우리디케는

독사에 물려 뜻하지 않게 죽고 말았습니다.

에우리디케를 잃은 저는 천 갈래로 찢기는 아픔 속에서

살아가야 합니다.

*원한 분하고 억울한 일을 당하여 응어리진 마음.

부디 에우리디케의 생명을
다시 이어 주십시오.
목숨이 다하는 날까지
하데스 님을 *찬양하고
페르세포네 님을 위해
연주하겠습니다.

이 목숨 다하면 하데스 님이 계신 지하 세계로
다시 꼭 돌아오겠습니다.
그때까지만 에우리디케를 제게 돌려주십시오.

*찬양 아름답고 훌륭함을 크게 기리고 드러냄.

오르페우스의 노랫소리는 지하 세계에 퍼져 나갔습니다. 그 노랫소리는 지하 세계에 있는 영혼들의 미움과 분노, 억울함, 복수심, *원망 등의 감정을 따뜻하게 감싸 안아 주었습니다. 불쌍한 영혼들의 눈에서는 눈물이 쏟아졌습니다.

오르페우스의 노랫소리는 투명한 샘물같이 모든 영혼들의 마음을 촉촉히 적셨습니다.

*원망 못마땅하게 여기어 탓하거나 불평을 품고 미워함.

시인 오르페우스

그리스 사람들은 호메로스 이전에 그리스의 가장 위대한 시인으로 오르페우스를 꼽았어요. 호메로스는 고대 그리스의 작가로 서사시 《일리아스》와 《오디세이아》를 지었어요. 두 작품은 서양 문학 작품 가운데 후대에 영향을 미친 최고의 작품으로 손꼽혀요. 오르페우스는 그런 호메로스 이전에 활동했던 시인으로 추측되며 많은 시인들을 가르쳤다고도 해요. 오르페우스는 음악가이자 훌륭한 노랫말을 지어내는 유명한 시인이었어요.

하데스의 아내 페르세포네는 오르페우스의 노래를 들으며, 땅 위에서 누렸던 행복한 생활을 떠올렸습니다. 푸른 하늘과 따뜻한 공기, 아름다운 꽃과 나무, 그리고 자신을 보물처럼 아끼던 어머니 데메테르가 생각났습니다. 페르세포네의 두 눈에서도 눈물이 흘러내렸습니다.

"오, 불쌍한 오르페우스, 가여운 에우리디케……."

페르세포네는 오르페우스를 보며 입을 열었습니다.

"오르페우스, 그대의 소원을 말해 보거라."

오르페우스는 흐르는 눈물을 닦고 말했습니다.

"저의 소원은 지하 세계의 왕이신 하데스 님께서 허락만 하신다면, 사랑하는 에우리디케를 데리고 저 밝은 세상으로 돌아가는 것입니다."

오르페우스는 말을 마치고 엎드렸습니다.

그 순간 하데스의 눈에서 한 줄기 눈물이 흘렀습니다. 태어나서 한 번도 눈물을 흘려 본 적 없는 하데스였습니다. 어떨 때는 *냉혹하기까지 한 그가 오르페우스의 노래를 듣고 눈물을 흘린 것입니다.

*냉혹하다 성질이 차갑고 모질다.

“하데스, 부디 저 불쌍한 젊은이의 소원을 들어주세요.”

페르세포네는 곁에 앉은 하데스에게 *간청했습니다. 하데스는 페르세포네를 바라보았습니다. 사랑하는 페르세포네의 눈시울이 젖은 것을 보자, 하데스의 마음은 더욱 흔들렸습니다.

“좋다, 오르페우스. 사랑하는 아내 에우리디케를 데리고 지하 세계를 떠나거라.”

오르페우스는 순간, 자신의 귀를 의심했습니다.

***간청하다** 간절히 청하다.

“저, 정말입니까, 하데스 님? 감사합니다. 정말 감사합니다!”

“가서 에우리디케를 데려오너라!”

하데스의 말이 떨어지자 얼마 뒤 하인이 에우리디케를 데리고 나타났습니다. 오르페우스는 자신의 눈을 믿을 수 없었습니다.

"에우리디케! 정말 에우리디케인가요? 아, 내 사랑."

"정말 오르페우스 님인가요? 아, 이렇게 당신을 다시 보게 될 줄이야……."

오르페우스와 에우리디케는 서로 얼싸안았습니다. 두 사람의 눈에서는 하염없이 눈물이 흘러내렸습니다. 둘은 다시는 헤어지지 않으리라 다짐했습니다. 오르페우스는 세상의 모든 것을 다 얻은 기분이었습니다.

하데스는 기뻐하는 오르페우스에게 말했습니다.

"단, 조건이 있다. 저승을 빠져나갈 때까지 두 사람은 말을 나눠서는 안 된다. 그리고 오르페우스, 네가 앞장서면 에우리디케가 뒤를 따를 것이다. 두 사람이 모두 저승 밖으로 나갈 때까지 너는 절대로 뒤를 돌아봐서는 안 된다. 네가 이 하데스의 약속을 믿는다면, 에우리디케는 너와 함께 무사히 세상 밖으로 나갈 수 있을 것이다."

오르페우스는 그 정도는 *식은 죽 먹기라고 생각했습니다.

*식은 죽 먹기 아주 쉬운 일임을 나타내는 말.

지하 세계를 나가는 오르페우스와 에우리디케

〈오르페우스와 에우리디케〉 페테르 파울 루벤스

오르페우스가 에우리디케를 데리고 지하 세계를 떠나려고 해요. 하데스와 한 약속대로 오르페우스가 앞장서서 걷고 있어요. 둘이 함께 나가는 것을 허락한 하데스와 페르세포네의 모습도 보여요. 오르페우스와 에우리디케의 환한 모습과는 대조적으로 하데스와 페르세포네는 어둡고 칙칙하게 표현되어 있어요.

“감사합니다. 하데스 님, 페르세포네 님. 이 은혜는 죽을 때까지, 아니 죽어서도 잊지 않겠습니다!”

오르페우스와 손을 맞잡은 에우리디케도 공손히 머리를 숙이며 감사의 인사를 했습니다.

오르페우스는 혹시 하데스의 마음이 바뀔까 봐 서둘러 에우리디케를 데리고 궁전을 나섰습니다.

2
바깥세상을 향해

'에우리디케는 무사히 오고 있는 걸까?
설마 하데스 님이 나에게 거짓말을 한 것은 아니겠지?'

오르페우스와 에우리디케는 지하 세계를 떠나려고 서둘러 움직였습니다. 사나운 케르베로스는 오르페우스의 리라 소리에 다시 얌전해졌고, 뱃사공 카론도 두 사람을 지하 세계 입구까지 실어다 주었습니다.

이제 둘은 어둡고 먼 길을 걸어 올라가야만 했습니다. 말을 나누어서는 안 되었습니다. 오르페우스가 앞장을 서서 걸었습니다. 오르페우스는 뒤따라오는 에우리디케를 보고 싶었지만, 하데스와 한 약속이 떠올라 꾹 참으며 앞만 보고 걸었습니다.

오르페우스는 걸음을 재촉했습니다.

연주하는 오르페우스

〈오르페우스〉 피에르 드 프랑쉐빌르

악기를 연주하는 오르페우스의 모습이에요. 오르페우스의 다리 사이에는 얌전해진 케르베로스의 모습도 보여요. 무섭게 짖어 대기는커녕 순한 모습으로 오르페우스의 연주를 듣고 있는 듯해요. 리라를 연주하는 오르페우스의 손을 한번 보세요. 길고 섬세한 손가락이 유독 두드러져 보여요.

그런데 어찌된 *영문인지, 에우리디케의 발소리가 점점 작아지는 듯싶더니, *인기척마저 느껴지지 않았습니다. 옷자락이 스치는 소리도, 고르게 내쉬던 숨소리도 들리지 않았습니다. 오르페우스는 불안해졌습니다.

*영문 일이 돌아가는 형편이나 그 까닭.
*인기척 사람이 있음을 알 수 있게 하는 소리나 기색.

'왜 에우리디케의 소리가 들리지 않지? 에우리디케는 나를 잘 따라오고 있는 걸까? 설마 아까 카론의 배에서 내리지 못한 건가? 아니, 어디서 발을 헛디딘 것은 아닐까?'

오르페우스의 머릿속은 점점 복잡해졌습니다.

'에우리디케는 무사히 오고 있는 걸까? 하데스 님이 나에게 거짓말을 한 것은 아니겠지? 하지만…….'

마음이 한 번 흔들리자, 오르페우스는 불안해져서 *안절부절못했습니다.

*안절부절못하다 마음이 초조하고 불안하여 어찌할 바를 모르다.

'그래! 모질고 냉정하기로 소문난 하데스 님이 그렇게 순순히 에우리디케를 내줄 리 없어. 나를 쫓아 보내려고 거짓말을 한 건지도 몰라.'

동시에 오르페우스는 고개를 저었습니다.

'아니야. 하데스 님이 거짓말을 할 리가 없어. 이건 나를 시험해 보려는 것일 거야.'

오르페우스는 너무나 괴로웠습니다.

'아아, 도대체 에우리디케는 오고 있는 걸까? 살짝만 확인해 보면 안 될까? 에우리디케의 발끝만이라도 보고 싶다. 그 정도는 하데스 님도 이해해 주시지 않을까?'

하지만 오르페우스는 마음을 꼭꼭 다잡았습니다.

오르페우스와 에우리디케

〈지하 세계에서 에우리디케를 데리고 나오는 오르페우스〉 장 바티스트 카미유 코로

저승을 빠져나가고 있는 오르페우스와 에우리디케의 모습이에요. 음침한 저승의 풍경 속에 멀리 영혼들의 모습도 보여요. 오르페우스는 리라를 치켜 들고 다급히 걸어가고 있어요.

그때 저 멀리 가느다란 빛이 보였습니다. 지하 세계로 들어올 때 통과한 바로 그 구멍이었습니다. 이제 조금만 걸으면 바깥세상으로 나갈 수 있을 것 같았습니다.

'아아, 드디어 입구다! 조금만 참으면 에우리디케를 볼 수 있어!'

하지만 오르페우스는 여전히 의심이 가시지 않았습니다. 왠지 저 밝은 세상으로 자기 혼자만 나갈 것 같은 느낌이 들었습니다.

불안한 마음을 누르며 오르페우스는 한 발 한 발 빛을 향해 나아갔습니다.

드디어 입구에 다다랐습니다. 눈부신 빛이 온몸을 감쌌습니다. 바깥세상에 발을 디디며 오르페우스는 기쁨에 겨워 뒤를 돌아보고 말았습니다.

"에우리디케!"

그런데 바깥으로 빠져나온 오르페우스와는 달리, 에우리디케는 이제 막 바깥을 향해 발을 내디디려 하고 있었습니다. 에우리디케를 보는 순간, 오르페우스의 얼굴은 기쁨에서 *절망으로 바뀌었습니다. 에우리디케가 다시 지하 세계로 끌려들어 가기 시작했던 것입니다.

"에우리디케!"

"오르페우스! 날 잡아 줘요!"

***절망** 바라볼 것이 없게 되어 모든 희망을 끊어 버림. 또는 그런 상태.

오르페우스는 재빨리 팔을 뻗어 에우리디케를 잡으려 했지만, 에우리디케의 몸은 연기처럼 어둠 속으로 빨려 들어갔습니다. 아름다운 에우리디케의 얼굴은 순식간에 사라져 버리고 말았습니다.

그때 저 멀리 깊은 곳에서 에우리디케의 목소리가 희미하게 들려왔습니다.

"아아, 가여운 내 사랑!"

에우리디케는 *아스라한 소리로 울면서 외쳤습니다.

"이제 정말 마지막이에요! 내 사랑, 안녕히!"

*아스라한 먼 곳에서 들려오는 소리가 분명하지 않고 희미한.

오르페우스는 눈앞에서 벌어진 일을 믿을 수 없었습니다.

에우리디케가 완전히 빠져나오기 전에 뒤를 돌아본 잘못으로, 에우리디케가 다시 저승으로 빨려 들어간 것입니다.

오르페우스는 망설이지 않고 에우리디케를 쫓아 뛰어들었습니다.

지하로 떨어진 오르페우스는 주위를 두리번거리며 에우리디케를 불렀습니다.

"에우리디케……, 에우리디케……."

하지만 지하 세계의 깊은 어둠 속에는 오르페우스의 울부짖음만 울려 퍼졌습니다.

3
슬픔에 빠진 오르페우스

"어리석은 오르페우스. 에우리디케를 지하 세계로 돌려보낸 것은 바로 너야.

한 걸음만, 단 한 걸음만 더 참고 기다렸으면

그녀를 잃지 않았을 텐데……. 흑흑!"

그 때 저만치 배를 저어 오는 카론이 오르페우스의 눈에 보였습니다.

"그, 그래. 카론!"

오르페우스는 카론에게 애원했습니다.

"카론, 부탁입니다. 한 번만, 단 한 번만 나를 다시 태워 주십시오. 앞으로 다시는 부탁하지 않겠습니다. 사랑하는 에우리디케를 이번에는 반드시 되찾아 올 수 있습니다."

하지만 이미 한 번 오르페우스를 태워 준 카론은 산 사람을 태웠다는 사실을 후회하고 있었습니다.

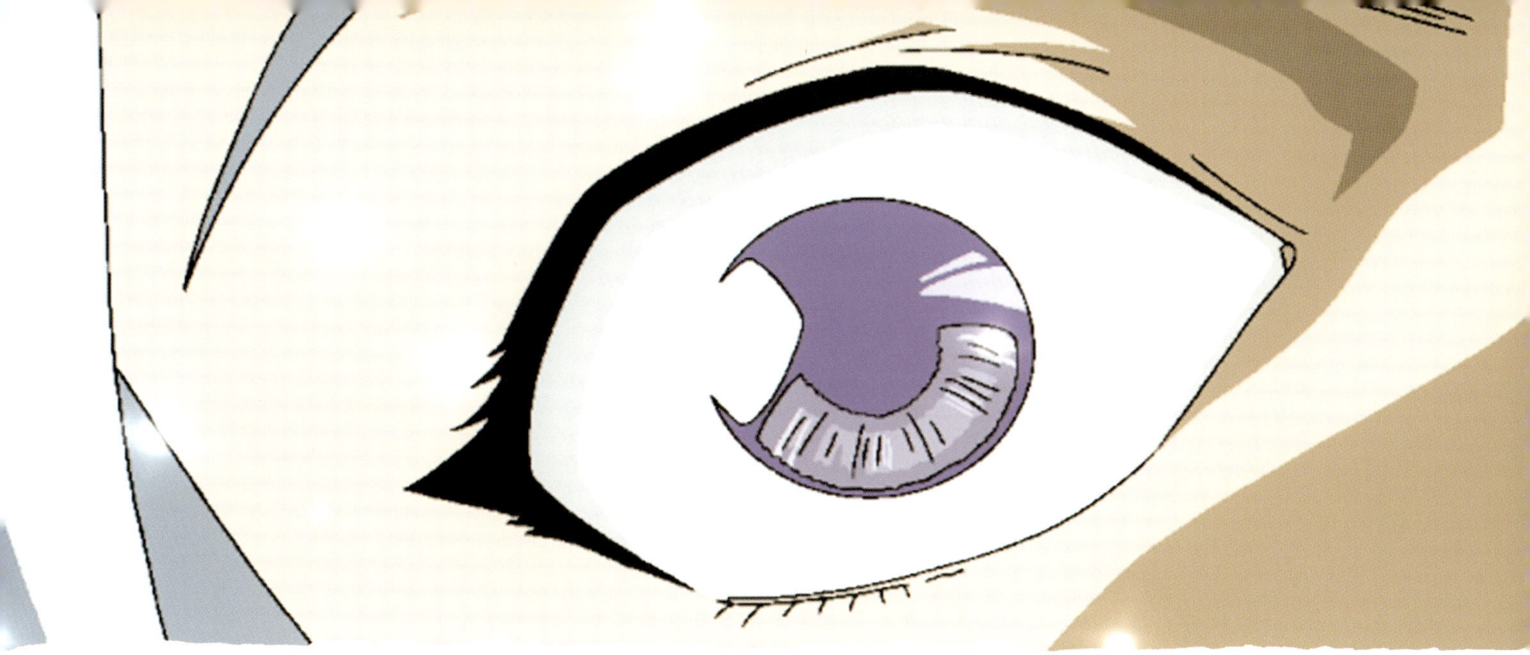

카론은 굳은 얼굴로 고개를 저었습니다.

"이번에는 절대 안 된다. 다시는 산 사람을 들여보내지 않을 것이다."

카론은 오르페우스를 남겨 둔 채 노를 저으며 사라졌습니다.

오르페우스는 절망에 빠졌습니다.

'오! 내 사랑 에우리디케, 미안하오.'

오르페우스는 칠 일 동안이나 아케론 강가에 머물며 먹지도 자지도 않았습니다. 오로지 하데스의 매정함을 원망하고 바위와 산들에게 억울함을 *호소했습니다.

"신들의 왕 제우스 님이여, 제발 저의 이야기에 귀 기울여 주십시오. 저는 많은 것을 바라지 않습니다. 오직 사랑하는 사람과 함께 있고 싶을 뿐입니다. 저의 어리석은 실수를 벌하시고 부디 에우리디케를 다시 제 곁으로 돌려보내 주십시오!"

오르페우스는 밤낮으로 기도했지만, 아무런 응답도 들을 수 없었습니다.

*__호소하다__ 억울하거나 딱한 사정을 남에게 하소연하다.

올림포스의 제우스도 오르페우스가 딱했습니다. 그러나 죽은 사람을 다시 살려 낼 수는 없었습니다. 그것은 오직 지하 세계의 왕 하데스와 운명의 여신들만이 *관여하는 일이었습니다.

"매정한 하데스 님이여. 처음부터 저에게 에우리디케를 돌려줄 생각이 없었던 것은 아닙니까!"

오르페우스가 외치는 슬픔과 분노의 외침은 지하 세계를 지나 세상 밖까지 울려 퍼졌습니다.

*관여하다 어떤 일에 관계하여 참여하다.

오르페우스는 성급하게 뒤를 돌아본 것을 후회했습니다. 하데스의 말을 의심하지 않았더라면, 에우리디케가 단 한걸음만 더 내디딜 때까지 기다렸더라면, 이렇게 가슴 아픈 일은 일어나지 않았을 것입니다. 오르페우스는 서럽고 안타까워서 눈물이 솟았습니다.

"어리석은 오르페우스. 에우리디케를 지하 세계로 돌려보낸 것은 바로 너야. 한 걸음만, 단 한 걸음만 더 참고 기다렸으면 그녀를 잃지 않았을 텐데……. 흑흑!"

오르페우스의 얼굴은 눈물이 마를 새가 없었습니다. 아내를 잃은 남편의 구슬픈 울음소리는 어두운 절벽과 물줄기에 부딪쳤습니다.

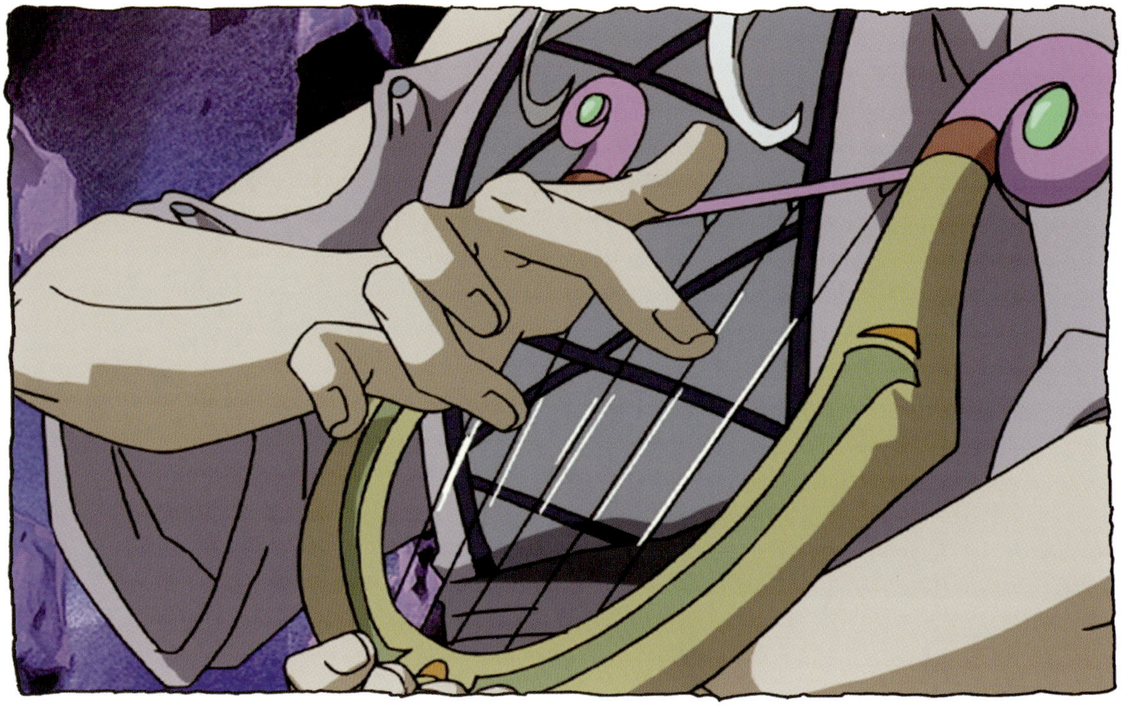

오르페우스한테는 그저 리라만이 남았을 뿐입니다.

오르페우스는 리라를 다시 집어 들었습니다.

오르페우스의 슬픔은 손가락을 타고 리라 줄에 전달되었습니다. 리라도 주인의 마음을 아는지 구슬픈 소리를 내기 시작했습니다. 오르페우스의 구슬픈 리라 연주는 오래도록 그칠 줄을 몰랐습니다.

4
오르페우스의 최후

먹지도 자지도 않고 연주하던 오르페우스의 모습이
보이지 않았습니다. 오로지 오르페우스의 리라 소리만이
바람결에 실려 왔습니다.

집으로 돌아온 오르페우스는 쓸쓸히 지냈습니다.

그러던 어느 날입니다. 술의 신 디오니소스를 받드는 축제가 밤늦도록 열렸습니다. 술에 취한 사람들이 거리에서 마음껏 떠들고 다녔습니다. 오르페우스는 한 무리의 술에 취한 여인들 곁을 지나가게 되었습니다.

"저기 봐, 오르페우스야."

"리라 연주와 노랫소리로 그 누구의 마음도 녹여 버린다는 오르페우스?"

그들은 큰 소리로 떠들어 댔습니다. 오르페우스는 듣지 못한 것처럼 지나치려 했습니다.

"이봐요, 오르페우스. 당신의 노래가 듣고 싶어요. 나를 위해 노래해 줘요."

"오르페우스, 우리를 위해 리라를 연주해 봐요."

여자들은 오르페우스를 몹시 귀찮게 했습니다. 오르페우스는 대답하지 않은 채 그들을 피해 묵묵히 걸어갔습니다.

디오니소스의 여인들, 마이나데스

슬픔에 빠진 오르페우스를 불러 세운 여인들을 '마이나데스'라고 해요. 술의 신 디오니소스를 떠받드는 여인들로, 홀로 있을 때는 '마이나스'라고 부르고 여럿이 있을 때는 '마이나데스'로 불러요. 이 여인들은 지팡이를 든 채 노래하고 춤을 추며 뛰어다녀요. 그리고 이따금 괴상한 행동을 하여 사람들에게 미친 사람 취급을 받기도 했답니다. 아마도 이 여인들의 행동은 술에 취한 사람의 모습을 빗대어 표현한 것 같아요.

이제 오르페우스는 아무도 없는 곳을 찾아 쓸쓸히 리라를 연주했습니다.

구슬픈 음악 소리에 싱싱하던 꽃과 나무는 그만 풀이 죽었습니다. 그 이유를 아는 신들만이 애처롭게 오르페우스를 바라볼 뿐이었습니다.

오르페우스의 머릿속에는 에우리디케와 함께했던 날들이 스쳐 지나갔습니다.

수많은 신과 사람들의 축복을 받으며 했던 결혼식, 행복했던 나날, 그리고 지하 세계에서 다시 만나 감격했던 순간. 에우리디

케를 생각하며 오르페우스는 잠시나마 행복을 느꼈습니다.

그러나 자신의 실수로 에우리디케를 잃던 순간이 떠오르면 또다시 북받치는 슬픔에 빠지고 말았습니다.

오르페우스의 감정이 흘러가는 것에 따라 리라 소리는 기쁘게 또 슬프게 울려 퍼졌습니다.

그렇게 시간이 흘렀습니다.

먹지도 자지도 않고 연주하던 오르페우스의 모습이 보이지 않았습니다. 오로지 오르페우스의 리라 소리만이 바람결에 실려 왔습니다.

"자네, 오르페우스 보았나?"

"그 유명한 음악가 말인가? 불쌍한 친구, 연주에만 빠져 있더니 요새 통 보이질 않네. 그런데 신기하게 그 친구 음악 소리는 여전히 들린단 말이야."

어리둥절해진 사람들이 수군거렸습니다.

정말로 리라 소리는 멈추지 않았습니다.
마치 누군가가 자신을 어디론가 데려다
달라고 노래하는 것만 같았습니다.

오르페우스는 숨을 거둔 채 리라와 함께 강물을 따라 흘러갔습니다. 오르페우스와 리라는 몇 날 며칠을 흘러 바다에 이르렀습니다. 무사이 여신들이 나타나 오르페우스를 바다에서 건져 레이베트라라는 곳에 묻어 주었습니다. 지금도 그곳에서는 밤 꾀꼬리가 그 어느 곳에서보다 아름답게 운다고 합니다.

오르페우스를 딱하게 여기던 제우스는 물속에서 리라를 건져 올렸습니다. 그리고 밤하늘에 던져 별자리로 만들어 주었습니다.

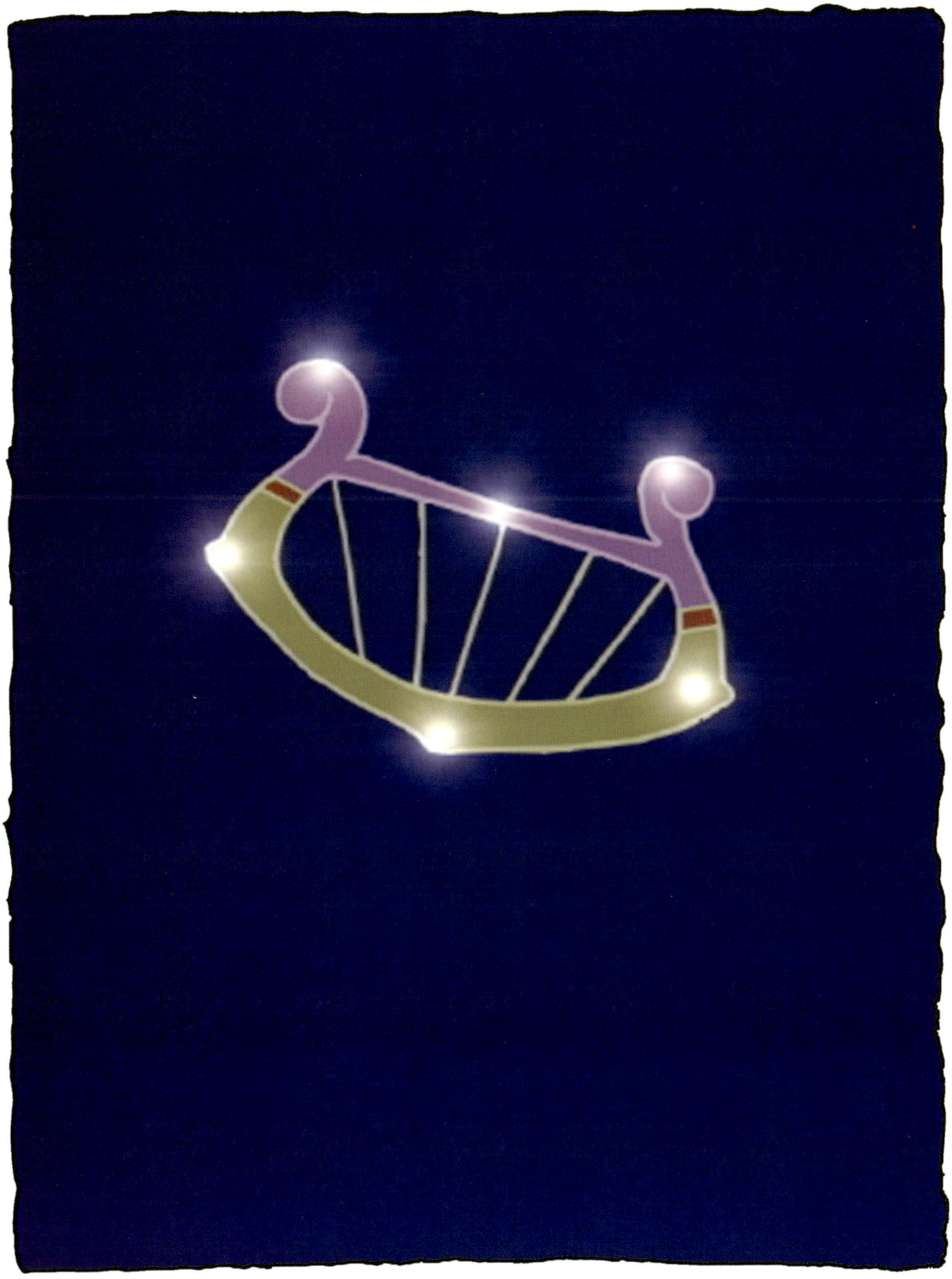

죽어서 영혼이 된 오르페우스는 그제야 에우리디케가 있는 지하 세계에 갈 수 있었습니다. 오르페우스는 한달음에 지하 세계로 달려갔습니다. 카론은 영혼이 된 오르페우스를 보고 미소 지었습니다. 그러고는 기꺼이 나룻배에 태워 주었습니다. 이번에는 카론뿐 아니라 케르베로스도, 하데스도 지하 세계로 온 오르페우스를 막지 않았습니다. 오르페우스는 기쁨에 들떠 외쳤습니다.

"에우리디케! 어디 있소? 내가 왔소!"

그때 사랑하는 에우리디케가 오르페우스를 향해 달려 나왔습니다. 오르페우스와 에우리디케는 꼭 껴안았습니다. 그리고 다시는 헤어지지 않으리라 다짐했습니다. 오르페우스는 에우리디케를 위해 아름다운 사랑의 노래를 불러 주었습니다.

신화 OLYMPUS GUARDIAN 뒷이야기

오르페우스는 음악으로 하데스까지 감동시켜 죽은 아내를 다시 만납니다. 그러나 땅 위로 향하는 마지막 과정에서 하데스와의 약속을 어기고 그만 뒤를 돌아보지요. 그 때문에 에우리디케와는 영원히 이별을 하게 됩니다.

지하 세계의 신 하데스는 왜 그런 조건을 달았을까요? 오르페우스의 용기를 봐서 한 번쯤 속 시원히 허락해 줄 법도 한데 말입니다. 하지만 하데스는 인간인 오르페우스를 시험하기 위해 조건을 내겁니다. 누구나 의심을 품게 되면 그것을 쉽게 떨쳐 내지 못 하지요. 하데스는 그러한 인간의 특징을 다 알고 있었을 것입니다.

이와 같은 경우는 다른 신화에서도 볼 수 있습니다. 제우스가 헤파이스토스를 시켜 만들어 낸 인간인 판도라는 절대 열어 보지 말라는 상자를 선물로 받습니다. 바로 그 유명한 '판도라의 상자'입니다. 보지 말라는 것은 어쩐지 더욱 보고 싶어지는 것이 인간의 마음입니다. 상자 안에 과연 무엇이 들었을까 몹시 궁금

했던 판도라는 결국 상자를 열고, 그 안에 있던 온갖 질병과 고민 등은 인간 세상으로 퍼져 나갑니다. 판도라의 상자에는 그나마 희망이라도 남아 있었지만, 의심을 떨쳐 버리지 못한 오르페우스는 희망도 없이 에우리디케를 잃고 맙니다. 이렇게 인간이 품은 의심과 호기심은 불행을 불러들입니다. 서로에 대한 믿음 없이는 살아갈 수 없는 것이 인간이기 때문입니다.

하지만 한편으로 의심과 호기심은 인간이 발전하는 데 꼭 필요한 것이기도 합니다. 위험한 것을 가려 내려는 의심이 있어야 자신을 보호할 수 있고, 왕성한 호기심이 더 나은 것을 만들어 내기 때문입니다. 이러한 인간의 특징을 드러내기 위해, 신화 속 신들은 특별한 조건을 만들어 인간들에게 내거는 게 아닐까요?

올림포스 신들의 계보

크로노스 + 레아
하데스
지하 세계의 왕
포세이돈
바다의 신
제우스
신들의 왕
헤라
신들의 여왕,
제우스의 아내
헤스티아
난로 · 불의 여신
데메테르
대지의 여신
아테나
지혜 · 전쟁의 여신
제우스 + 메티스
아폴론
의술 · 음악의 신
제우스 + 레토
아르테미스
사냥 · 순결의 여신
아스클레피오스
의술의 신
아레스
전쟁의 신
제우스 + 헤라
헤파이스토스
대장간의 신
제우스 + 디오네
아프로디테
헤파이스토스의 아내,
미의 여신
에로스
사랑의 신
헤르메스
신들의 전령,
상업의 신
제우스 + 마이아
디오니소스
술의 신
제우스 + 세멜레
페르세포네
하데스의 아내
지하 세계의 여왕
제우스 + 데메테르

그리스 로마 신화 주요 인물의 이름

그리스 어	로마 어	영어
가이아	텔루스	
니케	빅토리아	나이키, 빅토리
데메테르	케레스	세레스
디오니소스	바쿠스	바커스
레아	키벨레	시벨레
아레스	마르스	마스
아르테미스	디아나	다이애나
아테나	아테네, 미네르바	
아폴론	아폴로	아폴로
아프로디테	베누스	비너스
에로스	쿠피드, 아모르	큐피드
오디세우스	울릭세스	율리시스
우라노스	카일루스	유러너스
제우스	유피테르	주피터
크로노스	사투르누스	새턴
페르세포네	프로세르피나	
포세이돈	넵투누스	넵튠
하데스	플루톤	플루토
헤라	유노	주노
헤라클레스	헤르쿨레스	허큘리스
헤르메스	메르쿠리우스	머큐리
헤스티아	베스타	
헤파이스토스	불카누스	벌컨

그리스 로마 신화 올림포스 가디언 38
죽음도 갈라놓지 못한 사랑

펴낸이 양원석
펴낸곳 (주)알에이치코리아
등록 2004년 1월 15일 제2-3726호
주소 서울특별시 금천구 가산디지털2로 53, 20층 (한라시그마밸리)
문의전화 02)6443-8800

ISBN 978-89-255-4410-6(74800)
ISBN 978-89-255-4354-3(세트)

값 12,800원

원작 만화로 보는 그리스 로마 신화(가나출판사)
이광진 엮음, 홍은영 그림
명화 구입처 유로크레온(주)